LA LEY SECA

La lucha contra el alcohol en Estados Unidos

Por Quentin Convard
En colaboración con Christelle Klein-Scholz
Traducido por Laura Bernal Martín

Historia en50MINUTOS.es

LA LEY SECA

- **¿Cuándo?** Del 16 de enero de 1919 al 17 de febrero de 1933.
- **¿Dónde?** En todo el territorio estadounidense.
- **¿Contexto?**
  - La reafirmación de los valores conservadores puritanos.
  - El fin de la Primera Guerra Mundial (1914-1918).
- **¿Principales protagonistas?**
  - George Remus, abogado germano-estadounidense (1874-1952).
  - Alfonso Capone, conocido como Al Capone, gánster estadounidense (1899-1947).
- **¿Repercusiones?**
  - Una nueva manera de consumir alcohol.
  - Una importante pérdida económica para el Estado.
  - La reorganización del crimen.
  - La pérdida de confianza de los estadounidenses en la justicia, en las instituciones y en la policía.

A principios del siglo XX, el consumo de alcohol se considera un asunto problemático en Estados Unidos y, para solucionarlo, estalla una guerra sin precedentes contra este mal que corrompe la sociedad. Sin embargo, en la práctica resulta complicado frenar la producción, el transporte y la venta de bebidas alcohólicas con una graduación superior al 0,5 %. Y con razón, ya que a partir de la Prohibición se pone en marcha una verdadera red de contrabando para paliar la escasez de alcohol y ofrecerle a los consumidores esta apreciada bebida.

La campaña prohibicionista se remonta a mitades del siglo XIX, pero en un primer momento esta solo afecta a algunos estados. El 16 de enero de 1916, la Enmienda XVIII marca el fin de la venta y de la fabricación de alcohol con fines comerciales, hecho que provoca que la lucha se instaure oficialmente a escala nacional. Pero el bando que se posiciona en contra del alcohol no alcanza a imaginar que esta proscripción provocará una ola de criminalidad y de corrupción y conllevará el nacimiento de una generación de peligrosos gánsteres que sumirán ciudades como Chicago en un oscuro período de violencia.

CONTEXTO

LOS PRIMEROS MOVIMIENTOS PROHIBICIONISTAS

Desde la época colonial, el consumo de alcohol es un sujeto espinoso en Estados Unidos. La bebida está omnipresente en el país, y se consume en los *saloons*, lugares de encuentro muy importantes para la sociedad estadounidense que abundan antes de la Ley Seca —hay un *saloon* por cada 300 habitantes—. A partir del siglo XIX, son varias las voces del bando puritano que se elevan contra sus prácticas y, en 1830, se asiste a la aparición de diversas ideas políticas a nivel local que instan a moderar el consumo de alcohol, como las de dos políticos de Maine, James Appleton (1786-1862) y Neal Dow (1804-1897). Este último, de hecho, convierte Portland en la primera ciudad «seca» de Estados Unidos en 1840 y es el padre de la Ley Seca, aunque sus motivaciones estaban sobre todo guiadas por un rechazo hacia los inmigrantes, muchos de los cuales tenían *saloons* o eran vendedores de alcohol.

A continuación, varios estados y ciudades deciden prohibir el alcohol en la década de 1850. No obstante, el movimiento se esfuma rápidamente en todos los estados excepto en el de Maine, que mantiene vigente esta prohibición entre 1851 y 1856. Después de la guerra civil (1861-1865), son las mujeres las que retoman la protesta. Siguiendo el ejemplo de Dioclesian Lewis (1823-1886), un predicador que acostumbraba a acudir a tabernas para rezar entre los consumidores, Eliza Thompson (1816-1905), hija del gobernador de

Ohio Allen Trimble (1783-1870), canta junto a otras mujeres de clase media himnos en lugares de venta de alcohol y reza por su cierre. En algunos casos logran su cometido, pero el movimiento acaba fracasando y los establecimientos que habían cerrado vuelven a abrir sus puertas. Entre 1860 y 1870, otros activistas intentan reavivar sin mucho éxito la llama de la Ley Seca. Pero la situación cambia en 1874: aparece un movimiento feminista a favor de la templanza llamado Women's Christian Temperance Union (WCTU, «Unión Cristiana de Mujeres por la Templanza»).

Cartel de la WCTU que muestra a una mujer predicando a favor de la Ley Seca delante de la multitud.

Esta organización se desarrolla y gana terreno bajo la batuta de Frances Willard (sufragista y militante feminista estadounidense, 1839-1898), que dirige a sus grupos con mano de hierro durante 25 años.

EL MOVIMIENTO SE ORGANIZA

Al principio, la lucha contra el alcohol es un movimiento marginal, pero con el paso del tiempo se convierte en el caballo de batalla de organizaciones más estructuradas, como la WCTU. Sin embargo, la que dinamiza la lucha es la Anti-Saloon League («Liga Anti-Saloon»), creada en 1893 y liderada principalmente por protestantes ricos y por hombres de negocios. La figura más destacada de este movimiento es la del abogado Wayne Wheeler (1869-1927), considerado como uno de los precursores del *lobbying* (actividades de presión realizadas en torno a autoridades políticas para defender ciertos intereses) en Estados Unidos.

A partir de este momento, la idea de prohibir la venta y la fabricación de alcohol se desarrolla en todas las capas de la sociedad estadounidense. Por ejemplo, Henry Ford (industrial estadounidense, 1863-1947) se posiciona a favor de la abstinencia de sus obreros y no le tiembla el pulso al despedir a los alcohólicos. En 1910, una veintena de estados prohíben la venta de alcohol y, tres años más tarde, James Franklin Hanly (1863-1920), antiguo gobernador de Indiana, hace un llamamiento para que la prohibición se extienda sobre toda la nación. En efecto, la lucha dista mucho de ser uniforme sobre el conjunto del territorio, e incluso a veces las prácticas varían dentro de un mismo estado. Por ejemplo, a pesar de que en el estado de Ohio el alcohol está prohibido desde principios de siglo, algunas grandes ciudades del estado continúan ofreciéndolo, como Cincinnati.

Aunque la Ley Seca debía limitar el consumo de alcohol, lo

cierto es que da pie a la clandestinidad. En el estado de Ohio se calcula que hay 7050 *saloons* en 1908 y, tres años más tarde, 690 nuevos establecimientos.

LA LEY SECA Y LA LUCHA SOCIAL

Las filas prohibicionistas son extremadamente variadas. Algunas están guiadas por una conciencia social y ven en el alcohol un instrumento para someter a los obreros contra el que hay que luchar, de la misma manera que hay que combatir la segregación o prohibir el trabajo infantil. Así pues, progresistas, abolicionistas y sindicalistas trabajan por el cierre de los lugares de bebida y de libertinaje. A estos se les suman tenaces conservadores que ven el alcohol como un mal que los inmigrantes han traído de Europa. Para ellos, la Prohibición es una medida contra los extranjeros que han llegado para instalarse en Estados Unidos y que corrompen la nación.

LA LEY SECA Y LA PRIMERA GUERRA MUNDIAL

El contexto de la Primera Guerra Mundial sirve en gran medida a la causa prohibicionista. En efecto, a la población estadounidense le molesta el visible nacionalismo de los germano-estadounidenses, a menudo regentes de bares. Entonces, para incomodarlos, Wayne Wheeler lanza una inteligente propaganda y una importante acción de presión que hace que parezca que todos los males de la sociedad están provocados por los inmigrantes alemanes y su tendencia a beber. Sin embargo, cuando el país entra en guerra, los germano-estadounidenses luchan bajo la bandera estadounidense. Con todo, a pesar de su compromiso con la nación, el trabajo de la Liga Anti-Saloon obtiene sus frutos y la comunidad es denigrada. Además, la cólera contra los fabricantes y los vendedores de bebidas alcohólicas crece debido a que los cereales —un producto cada vez más escaso en esta época de conflicto— se utilizan para destilar alcohol y no para alimentar a la gente y participar en el esfuerzo de guerra.

BIOGRAFÍAS

GEORGE REMUS, ABOGADO GERMANO-ESTADOUNIDENSE

George Remus nace en Alemania en 1874, y a los 5 años emigra con su familia a Estados Unidos. En su adolescencia, trabaja en una farmacia para satisfacer las necesidades de su familia, puesto que su padre ya no puede trabajar. A los 19 años compra la farmacia en la que trabaja y la revende cinco años más tarde. Cuando se cansa de esta profesión, se convierte en abogado penalista; entre sus clientes se encuentran varias figuras de la mafia de la época, como Johnny Torrio (1882-1957).

Cuando se ratifica la Enmienda XVIII, George Remus se da cuenta de que puede obtener un interesante beneficio. Entonces se muda a Cincinnati con el objetivo de comprar una destilería, ya que allí se concentran el 80 % de estas. Su plan consiste en fabricar *whisky*, oficialmente con fines farmacéuticos. Al mismo tiempo, abre varias farmacias que sirven para hacer circular el alcohol producido. Cuando uno de sus establecimientos se vuelve demasiado visible y corre el riesgo de llamar la atención, lo cierra y abre otro, convirtiéndose así en uno de los *bootleggers* (contrabandistas de alcohol) más audaces de su generación. Evidentemente, el alcohol apenas se utiliza con fines farmacéuticos, sino que se vende a bares clandestinos a 80 dólares la caja de 12 litros. Tres años más tarde, su fortuna se eleva a los 40 millones de dólares.

Remus desea llegar más lejos, y por eso se asocia con George Conners, al que le encarga la venta del *whisky*, y con un empleado de American Express, Harry Straton, que se vale de su empresa para enviar cajas de alcohol a todo el territorio estadounidense. Sin embargo, se descubre el negocio y George Remus se ve obligado a cambiar de táctica: manda construir la *Death Valley Farm* —una granja en el Valle de la Muerte—, una destilería oculta en una granja con aspecto de fortaleza. Además de este campo fortificado, pone en marcha una red de camiones blindados para entregar sus reservas por todo el país. Con el fin de garantizarse la lealtad de sus chóferes, George Remus les ofrece un buen salario, alojamiento, comida y *whisky*. También realiza importantes sobornos a las autoridades para que cierren los ojos a su tráfico.

Sin embargo, en 1925 es desenmascarado y condenado a dos años de cárcel por contrabando de alcohol. Dos años después, su mujer Imogene le pide el divorcio tras estafarle con un policía corrupto. Cuando esta acude al tribunal para el veredicto, George Remus le dispara en el abdomen. Alega locura y solo se enfrenta a una breve pena en un instituto especializado.

Acaba sus días humildemente en Kentucky, donde fallece en 1952.

¿Sabías que...?

Algunos creen que George Remus sirvió de inspiración a Francis Scott Fitzgerald (novelista estadounidense,

1896-1940) para crear al personaje de Jay Gatsby, la figura central de la novela *El gran Gatsby* (1925).

ALFONSO CAPONE, CONOCIDO COMO AL CAPONE, GÁNSTER ESTADOUNIDENSE

Al Capone, apodado Scarface («cara cortada») debido a una cicatriz en la mejilla izquierda, es uno de los gánsteres más célebres de la historia estadounidense. Hijo de inmigrantes napolitanos, nace en 1899 y crece en Brooklyn. Aunque se le considera un buen alumno, su destino da un vuelco cuando, a los 14 años, agrede a uno de sus profesores. A los 20 años se convierte en el protegido del mafioso Johnny Torrio, su vecino en Nueva York. Poco tiempo después, se une a la banda Five Pointers y obtiene el puesto de portero en un bar del bandido local Frankie Yale (1893-1928).

En 1918 se casa con una mujer de origen irlandés, Mae Coughlin (1897-1986), y se muda de Nueva York a Baltimore con la idea de comenzar a trabajar en un empleo más respetable, el de contable. Pero su nueva carrera dura poco ya que, a partir de 1920, vuelve junto a Johnny Torrio a Chicago y asciende puestos en su organización hasta convertirse en su principal socio.

Cinco años después, cuando acaba de salvarse de un intento de asesinato orquestado por gente próxima a Charles Dean O'Banion (mafioso irlando-estadounidense, 1892-1924), Johnny Torrio decide retirarse a Italia, dejando atrás un imperio estimado en varios cientos de millones de dólares.

Entonces, Al Capone es el único líder de la organización y, en los años veinte, libra una lucha sin cuartel contra su competencia directa, Bugs Moran (1896-1957) y Hymie Weiss (1898-1926), transformando Chicago en la capital del crimen. A lo largo de todos estos años amasa una colosal fortuna gracias a sus numerosos bares clandestinos, a sus prostíbulos y a sus pocos establecimientos legales (carnicerías y pescaderías). Al mismo tiempo, organiza un gigantesco sistema de extorsión e intimidación; a menudo, los establecimientos que se niegan a comprarle alcohol sufren atentados con bomba. No obstante, aunque el gánster acumula mucho dinero, también debe enfrentarse a numerosos gastos, como los derivados de la corrupción policial.

Sin embargo, la matanza de San Valentín que él mismo orquesta empaña a ojos de la población su imagen de ladrón con gran corazón que se burla de las autoridades. Aunque después de los hechos se enfrenta a una pena de un año de cárcel por tenencia ilícita de armas, en realidad se trata de un arresto convenido con el fin de tranquilizar a la opinión pública, que ahora lo ve como un peligroso asesino, pero también con el objetivo de proteger a sus rivales.

La matanza de San Valentín

El 14 de febrero de 1929, en Chicago, la banda italiana de Al Capone ataca a la irlandesa de Bugs Moran. Al Capone, que en ese momento se encuentra de vacaciones en Florida, es el impulsor de este ataque que le cuesta la vida a cinco miembros y a dos socios de la banda irlandesa.

Ese día, Al Capone le pide a Jack «Metralleta» McGurn (1902-1936) que lleve a sus rivales a un garaje de Chicago. Una vez allí, hombres disfrazados de policías les desarman y los ponen contra la pared antes de fusilarlos. En total, después de los hechos se encuentran setenta casquillos. La matanza de San Valentín se considera el último episodio de la guerra de bandas de Chicago.

A pesar de las muchas acusaciones que pesan sobre Al Capone, la policía no logra demostrar su culpabilidad. Sin embargo, tras una larga investigación en sus finanzas, el 24 de octubre de 1931 es condenado a once años de prisión por evasión fiscal. Padece sífilis desde hace mucho tiempo, y su estado de salud empeora en la cárcel. En 1939 es puesto en libertad bajo fianza, y fallece en 1947 víctima de una parada cardíaca tras pasar tres días en coma.

LA LEY SECA

EN VIRTUD DE LA LEY

La Ley Volstead, ratificada el 16 de enero de 1919, refuerza la Enmienda XVIII y entra en vigor a partir de 1920. Debe su nombre al representante de Minnesota, Andrew Volstead (1860-1947), que pone en marcha su proyecto de ley guiado por Wayne Wheeler. La Ley Seca quiere luchar contra el abuso del alcohol, pero no prohíbe por completo las bebidas espirituosas: es posible tenerlas en casa y, por lo tanto, comprarlas. La ley autoriza especialmente el vino sagrado, la sidra, el alcohol bajo prescripción y el que se utiliza en la industria o en ciertos productos domésticos y de consumo. Las cervecerías también tienen derecho a producir cerveza siempre que su graduación sea inferior al 0,5 %, pero se prohíbe la fabricación, la venta y el transporte de toda bebida que supere este nivel. En caso de violación de la ley, las multas pueden ascender a los 1000 dólares y el contraventor puede enfrentarse a treinta días de cárcel por su primera infracción. Si es reincidente, la multa se eleva a los 10 000 dólares y el condenado puede enfrentarse a un año de cárcel. La Ley Volstead también prohíbe la publicidad a favor del alcohol y la posesión de objetos que permiten destilar. Sin embargo, no habla sobre la tenencia y el consumo de alcohol en el ámbito privado.

En la línea de la promulgación de la Ley Volstead se crea el Bureau of Prohibition, que recluta 1500 agentes, entre ellos aduaneros y agentes fiscales, y que recibe un presupuesto de tres millones de dólares. Esta oficina, que se encuentra

bajo la tutela del Internal Revenue Service (agencia gubernamental que se encarga de la recaudación de impuestos),
se encarga de velar por el respeto de las leyes fiscales, de
realizar batidas en los bares clandestinos y de investigar las
irregularidades cometidas. Sin embargo, el reclutamiento
de sus efectivos no siempre es riguroso, y el servicio se
corrompe enseguida.

Hombres derramando unos toneles de alcohol recién
descubiertos.

UNA NUEVA MANERA DE CONSUMIR

Un día antes de la entrada en vigor de la ley, los restaurantes y las tabernas de todo el país celebran por última vez
la libertad de beber en público. Pero Estados Unidos no

puede tomar la decisión de abandonar el alcohol y, ya al día siguiente, se impone la idea de que es necesario encontrar una forma de sortear la Ley Volstead. Así, a pesar de estar prohibido, el consumo de bebidas alcohólicas se convierte una forma de reafirmar la libertad. Muchos bares clandestinos o *speakeasies* se dan cuenta de los nuevos comportamientos que han surgido tras la puesta en marcha de la ley y abren sus puertas en grandes ciudades para satisfacer la demanda, con una novedad: se admiten mujeres.

SPEAKEASY

El *speakeasy*, también llamado *blind pig* («cerdo ciego») —aunque este último nombre a menudo se utiliza para referirse a bares de mala muerte—, es un tipo de bar clandestino que florece durante la Ley Seca. Suelen estar en manos de la mafia, y ofrecen diversos atractivos, desde conciertos de jazz hasta restauración. Su prosperidad durante esta época se debe principalmente a los policías corruptos, que avisan a los dueños de las batidas y que hacen la vista gorda ante sus actividades.

La Ley Seca también engendra una nueva manera de consumir, como demuestra la democratización de los cócteles. A menudo, el sabor del alcohol es muy malo, ya que se fabrica en la clandestinidad con productos de mala calidad que no siempre obedecen las normas sanitarias. Para mejorarlo, muchos eligen mezclarlo con otros ingredientes.

Pero hay algo aún más problemático que un sabor desagradable: a veces, los fabricantes recurren a productos peligrosos durante la destilación, algo que provoca numerosas víctimas mortales.

EL CRIMEN ORGANIZADO

El abastecimiento de las tabernas se realiza a través de redes clandestinas y, para ello, los gánsteres dan rienda suelta a su imaginación. Algunos compran tabernas y destilerías o se asocian con dueños que ya tienen establecimientos. Estos últimos, que ofrecen sus conocimientos, no dudan en mezclar su producción con otros productos para aumentar su rentabilidad. Otros importan clandestinamente ginebra, *whisky* y ron de Canadá, de las Antillas, de México y, a veces, incluso de Europa. San Pedro y Miquelón (archipiélago francés de Norteamérica), verdadero epicentro del contrabando, nunca ha sido tan próspero como durante este período.

Aunque la misión de los diplomáticos estadounidenses es actuar contra este nuevo comercio, los países limítrofes no están muy interesados en apoyar a Estados Unidos en su cruzada contra el alcohol. Pero nada consigue frenar la red. Mientras que algunos deciden jugar con las reglas implantando destilerías en el extranjero para seguir produciendo, otros prefieren esconder sus existencias en suelo estadounidense e ir vendiéndolas poco a poco. Otros con menos escrúpulos recurren al robo y a la corrupción. Como el consumo de alcohol no se considera una falta moral, los delincuentes que consiguen ofrecer alcohol son vistos por la población como ladrones con un gran corazón que desafían un poder altamente corrupto. Por otra parte, es por todos sabido que el presidente republicano de la época, Warren G. Harding (1865-1923), bebe en la Casa Blanca con sus consejeros, contribuyendo así al clima envenenado y surrealista de esta década.

Aunque la Ley Seca no crea el crimen organizado, lo favorece y permite que los gánsteres construyan verdaderos imperios. En este período aparecen numerosos criminales que desean enriquecerse rápidamente. Ante este ejército de maleantes, algunos policías deciden que no se dejarán corromper y luchan con tal ardor que acaban por convertirse en verdaderas leyendas. Este es el caso del agente del Tesoro Eliot Ness (1903-1957) y de su equipo de «incorruptibles», que provocan la caída de Al Capone, o de policías extravagantes como Izzy Einstein (1880-1938) y Moe Smith (1887-1961), que, gracias a sus disfraces, son responsables del 20 % de los arrestos vinculados a la Ley Seca entre 1920 y 1925 en Nueva York.

Izzy Einstein y Moe Smith.

EL FIN DE LA LEY SECA

En los años veinte, la corrupción afecta a todos los niveles del poder. Los alcaldes de las grandes ciudades, como Jimmy Walker (1881-1946) en Nueva York, tienen lazos con la mafia; los senadores llenan las despensas del Senado con bebidas alcohólicas, y las personas próximas al presidente Harding también se ven afectadas. Además, las numerosas guerras entre bandas que sacuden las grandes ciudades aterrorizan a la población. Por tanto, la Ley Seca se considera un profundo fracaso, sobre todo porque ninguna de las medidas que se han tomado ha logrado reducir el número de muertes relacionadas con el alcohol. Al contrario: mientras que los fallecimientos disminuyen después de la Primera Guerra Mundial, desde 1921 se calcula que 1,8 muertes por cada 100 000 habitantes son causadas por el alcohol; dos años más tarde, la cifra asciende a 2,6 muertes.

Como consecuencia, en 1923 algunos estados como Nevada, Montana y Nueva York deciden dejar de intervenir en delitos relacionados con la Ley Seca, dejando el asunto en manos del FBI y del Bureau of Prohibition. Así, el movimiento va perdiendo importancia, y ciudadanos y políticos alzan su voz contra la Ley Volstead para señalar sus fallos (pérdida de ingresos relacionada con los impuestos sobre la venta de alcohol, ineficacia de la ley, violación de las libertades individuales, etc.). El crac bursátil de 1929 no mejora esta situación, y la crisis económica que se sucede empuja a la administración del presidente demócrata Franklin Roosevelt (1882-1945), que desea recaudar un máximo de impuestos, a derogar la Enmienda XVIII en 1933 mediante la Ley Blaine.

Aunque esta nueva ley recibe la aprobación de la mayoría, lo cierto es que en la práctica pasa prácticamente desapercibida, ya que algunos estados siguen aplicando la Ley Seca —son treinta y tres los que permiten que sus ciudades legislen libremente en esta materia—. Así pues, ciudades y condados pueden seguir «secos» si así lo desean, pero los que autorizan de nuevo el consumo no ven diferencias reales en relación con la situación de los años veinte, cuando, al fin y al cabo, no era tan difícil conseguir alcohol. Hoy en día, la situación en Estados Unidos sigue siendo muy dispar a nivel local, aunque los *dry counties* («condados secos») están sobre todo concentrados en el sur del país.

REPERCUSIONES

UN COLAPSO FINANCIERO

La Ley Blaine acaba con una ley costosa contra la que varias asociaciones se habían sublevado. En efecto, la primera consecuencia de la Ley Seca es que con ella no se gana nada. La asociación Against the Prohibition Amendment y la Women's Organization for National Prohibition Reform apuntan enseguida las pérdidas impositivas vinculadas con el comercio del alcohol que, según sus cálculos, se elevan a 850 millones de dólares anuales, mientras que 40 millones se utilizan anualmente para reforzar las herramientas de lucha contra el tráfico de espirituosas.

Después del crac bursátil de 1929, al Gobierno le cuesta legitimar entre la opinión pública una política que vacía las arcas del Estado y que entraña una oleada de corrupción que beneficia, nada más y nada menos, a los *bootleggers*, los gánsteres y algunos políticos corruptos. Por otra parte, el estadounidense medio se siente engañado por la Ley Volstead, ya que continúa bebiendo a pesar de la Ley Seca pero tiene que pagar más para hacerlo.

UN OSCURO PERÍODO DE LA HISTORIA ESTADOUNIDENSE

Además de las pérdidas que provoca, la Enmienda XVIII y la Ley Volstead perjudican sobre todo la seguridad de la población. En efecto, el fin de la Ley Seca no marca el del crimen organizado, a cuyo desarrollo contribuye, y las ciudades del noreste se ven castigadas por los ajustes de cuentas. La ciudad de Chicago se convierte de esta forma en un lugar de perdición en el que el beneficio, el dinero fácil y los placeres inmediatos priman sobre los valores de fuerza y de valentía que el país intenta inculcar a sus ciudadanos.

A partir de los años treinta, cineastas y periodistas aprovechan esta escalada de la violencia y disfrutan con las historias de lucha de bandas y de maleantes, dándole a algunas ciudades un aura terrorífica. De esta forma, las películas de la época sitúan en el corazón de sus tramas la influencia de los criminales sobre los políticos, los abogados corruptos y los gánsteres sanguinarios, algo que contribuye a difundir la imagen de un mundo lleno de corrupción. La industria cinematográfica va incluso más allá y contrata a delincuentes rehabilitados como actores o asesores, dándole a las historias un aspecto casi documental.

Por otra parte, la Ley Seca devasta la fisionomía de las ciudades debido a la proliferación de los *speakeasies*. Estos establecimientos no solo acarrean criminalidad, sino que también provocan importantes problemas y el deterioro de algunos barrios. Esta década de crímenes también transforma la mentalidad de los estadounidenses, que han perdido toda confianza en sus instituciones —ahora en las garras de la mafia— y en su policía, en la que la corrupción se ha vuelto endémica.

LA REORGANIZACIÓN DEL CRIMEN

Con la aprobación de la Ley Blaine, los nuevos bandidos no cambian su trabajo por profesiones legales, sino que continúan con sus actividades y se concentran en otros ámbitos (la extorsión, el tráfico de drogas, el control de la prostitución, etc.). Algunos trúhanes, preocupados por su prestigio, utilizan la crisis para limpiar su imagen y asentar su poder en una ciudad. En este sentido, Al Capone abre en 1931 uno de los primeros comedores sociales y deja que se beneficien de su generosidad aquellos que han perdido su trabajo tras el crac de 1929.

Decenas de personas hacen cola delante del comedor social de Al Capone.

No obstante, las relaciones entre políticos y gánsteres cambian. Antes de la Ley Volstead de 1919, muchos maleantes estaban al servicio de políticos y los ayudaban especialmente a manipular las elecciones o a intimidar a sus adversarios. Pero los papeles se invierten debido a la nueva fuerza financiera de los criminales y al poder que detentan. En muchos casos, ahora son los políticos los que prestan servicios a los gánsteres.

Además, los criminales transforman profundamente su manera de trabajar. Se acabaron los ajustes de cuentas con derramamiento de sangre. En adelante, la nueva generación se organiza en carteles para repartirse el mercado de una ciudad, integrarse progresivamente en la estructura social y no llamar la atención para enriquecerse mejor y sobrevivir.

UNOS OBJETIVOS NO ALCANZADOS

La Ley Seca, que solo durará una decena de años, apenas afecta a Estados Unidos. Este período puede verse como un paréntesis en la historia del país, durante el que el sueño de los legisladores anti-alcohol se topa con una difícil realidad. Mientras que la Ley Seca debe prohibir el alcoholismo, disminuir la violencia, erradicar la pobreza y reducir las enfermedades mentales, el consumo de bebidas espirituosas se convierte en algo «glamuroso» y audaz, lo que hace que los jóvenes tengan ganas de frecuentar estos nuevos establecimientos ahora prohibidos, o incluso de convertirse en elegantes y ricos *bootleggers* o, más generalmente, en gánsteres.

EN RESUMEN

- En Estados Unidos, el alcohol es un tema controvertido. A finales del siglo XIX se forman diferentes asociaciones con el fin de promover los beneficios de la templanza. Las dos más importantes son la WCTU en 1874 y la Liga Anti-Saloon en 1893. Estos movimientos, dirigidos por numerosas mujeres y por el mediático abogado Wayne Wheeler, llevan a la instauración de la Ley Seca. Mediante un juego de influencia y de presión, este período marca el comienzo del *lobbying* en Estados Unidos.
- El 16 de enero de 1919, la Enmienda XVIII se ratifica con una aplastante mayoría. La ley entra en vigor un año más tarde, y tiene por objetivo prohibir la fabricación, la venta y el transporte de alcohol con una graduación superior al 0,5 %. Esta se completa unos meses más tarde con la Ley Volstead, que prohíbe la producción, la venta y la distribución de alcohol en bares y restaurantes.
- Sin embargo, a pesar de la legislación, los estadounidenses quieren seguir bebiendo, por lo que se abren numerosos bares clandestinos para satisfacerlos. Estos establecimientos permiten, por primera vez, la entrada de mujeres.
- Para satisfacer la gran demanda se crean redes ilegales y aparecen nuevos gánsteres deseosos de participar en este lucrativo mercado. Por tanto, la Ley Seca favorece paradójicamente el crimen organizado y da inicio a un período de profunda corrupción. Aunque al principio domina la imagen del gánster de gran corazón, pronto esta se ve manchada por la violencia que ejercen los unos

contra los otros y que aterroriza a la población.

- El crac bursátil de 1929 marca el comienzo de la Gran Depresión. Las pérdidas impositivas sobre el comercio del alcohol resultan para muchos algo totalmente inaceptable en ese contexto de crisis, por lo que los políticos y una parte de la ciudadanía se subleva. Es el fin de la Ley Seca. Esta decisión es ratificada por la Ley Blaine el 17 de febrero de 1933.
- Aunque el alcohol vuelve a estar autorizado, asistimos a un paso del crimen organizado a otras actividades ilícitas. Las luchas de bandas continúan y marcan profundamente algunas ciudades. La Ley Seca se ha abolido, pero la violencia continúa causando estragos.

¡Tu opinión nos interesa!
¡Deja un comentario en la página web de tu librería en línea,
y comparte tus favoritos en las redes sociales!

PARA IR MÁS ALLÁ

FUENTES BIBLIOGRÁFICAS

- Behr, Edward. 1996. *L'Amérique hors la loi. La folle épopée de la Prohibition*. París: Plon.
- Burns, Eric. 2003. *The Spirits of America: A Social History of Alcohol*. Filadelfia: Temple University Press.
- Foucrier, Annick. 2001. *Les gangsters et la société américaine (1920-1960)*. París: Ellipses.
- Lerner, Michael. 2007. *Dry Manhattan: Prohibition in New York City*. Cambridge: Harvard in University Press.
- Martin, Jean-Pierre. 1993. *La vertu par la loi. La Prohibition aux États-Unis: 1920-1933*. Dijon: Publications de l'université de Bourgogne.
- Melandri, Pierre. 2008. *Histoire des États-Unis. Le déclin?*, tomo 2. París: Perrin.
- Trocmé, Hélène. 2001. *Chicago 1890-1930. Audaces et débordements*. París: Éditions Autrement.

FUENTES ICONOGRÁFICAS

- Cartel de la WCTU que muestra a una mujer predicando a favor de la Ley Seca delante de la multitud. La imagen reproducida está libre de derechos.
- Hombres derramando unos toneles de alcohol recién descubiertos. La imagen reproducida está libre de derechos.
- Izzy Einstein y Moe Smith. La imagen reproducida está libre de derechos.

- Decenas de personas hacen cola delante del comedor social de Al Capone. © National Archives and Records Administration.

PELÍCULAS Y SERIES

- *Los intocables*. Serie de televisión dirigida por Quinn Martin, con Robert Stack, Abel Fernández y Nicholas Georgiade. Estados Unidos: ABC, 1959-1963.
- *El infierno del whisky*. Dirigida por Richard Quine, con Patrick McGoohan, Richard Widmark y Alan Alda. Estados Unidos: Filmways Pictures, 1970.
- *Los intocables*. Dirigida por Brian de Palma, con Kevin Costner, Sean Connery y Robert de Niro. Estados Unidos: Paramount Pictures, Art Linson Production, 1987.
- *Muerte entre las flores*. Dirigida por los hermanos Coen, con Gabriel Byrne, John Turturo y Marcia Gay Harden. Estados Unidos: 20th Century Fox, Circle Films, 1990.
- *Boardwalk Empire*. Serie de televisión dirigida por Terence Winter, con Steve Buscemi, Michael Pitt y Michael Shannon. Estados Unidos: Home Box Office, 2010.

¡APRENDER
NUNCA ANTES FUE
TAN RÁPIDO!

www.en50minutos.es